D0291276

LA HABILIDAD EN EL TRATO Personal

por
Les Giblin

Edición Revisada - 2010 / 10.000

Derechos Reservados

No se permite la reproducción total o parcial de este libro ni su incorporación a un sistema informático ni su transmisión en cualquier forma o por cualquier medio, sea éste electrónico, por fotocopia, por grabación u otros métodos, sin el permiso previo y por escrito de Les Giblin Books Inc. / contactus@skillwithpeople.com

Copyright © 2009 by Leslie T Giblin
All rights reserved.
Reproduction in whole or in part in any manner is prohibited.
Originally published in English under the title "Skill With People"
ISBN 978-0-9887275-0-2

¡Bienvenido!

La habilidad en el trato personal es el talento humano que procura mayores satisfacciones.

De tu habilidad en el trato personal depende la calidad de tu vida comercial, familiar y social.

Los conocimientos y las técnicas contenidos en este manual mejorarán notablemente tu habilidad en el trato personal.

¡Úsalos!

Me alegra el poder ayudarte en este asunto de vital importancia.

Buena suerte.

Les Giblin

CONTENIDO

CUADRO 1

Sobre el Género Humano

Cómo aprendemos

(y cómo somos influenciados para comprar)

83% por medio de la VISTA

11% por medio del OÍDO

3.5% por medio del OLFATO

1.5% por medio del TACTO

1% por medio del GUSTO

CUADRO 2

Sobre el Género Humano

Cómo retenemos información

El **10%** de lo que LEEMOS

El **20%** de lo que OÍMOS

El **30%** de lo que VEMOS

El **50%** de lo que VEMOS y OÍMOS

El **70%** de lo que DECIMOS al HABLAR

El **90%** de lo que DECIMOS al HACER

CUADRO 3

Sobre el Género Humano

Métodos de Instrucción	Lo que se RECUERDA 3 horas después	Lo que se RECUERDA 3 días después
Únicamente EXPLICAR	**70%**	**10%**
Únicamente DEMOSTRAR	**72%**	**29%**
Combinando EXPLICACIÓN y DEMOSTRACIÓN	**85%**	**65%**

Comprendiendo a las Personas y la Naturaleza Humana 1

El primer paso para mejorar tu habilidad en tratar con la gente y tener éxito en las relaciones humanas, es comprenderla debidamente y comprender cómo es la naturaleza humana.

Cuando tú posees una comprensión adecuada de la naturaleza humana y de la gente, cuando sabes por qué la gente hace lo que hace, cuando sabes por qué y cómo reaccionará la gente en ciertas circunstancias, entonces y sólo entonces, podrás convertirte en un habiloso administrador de personas.

Comprender a la gente y la naturaleza humana es simplemente la habilidad de poder reconocer cómo son las personas en realidad y no así lo que crees que son o lo que quieres que sean.

¿Cómo son?

¡LA GENTE TIENE MÁS INTERÉS EN SÍ MISMA QUE EN TI!

Diciéndolo de otra manera, la otra persona está diez mil veces más interesada en sí misma que en ti.

Y viceversa. Tú estás más interesado en ti mismo que en cualquier otra persona en el mundo.

Recuerda que las acciones del hombre están gobernadas por la propia consideración y el interés propio. Este rasgo es tan marcado en el hombre, que aun el pensamiento dominante de la caridad es la satisfacción o el placer que el donante obtiene al dar y no así en el bien que hará la donación: ¡eso reviste una importancia secundaria!

No es necesario disculparte ni sentir vergüenza al reconocer que la naturaleza del hombre es egoísta: lo ha sido desde el principio del mundo y lo será hasta el final, porque el hombre llegó a la tierra con esa naturaleza, y todos somos iguales en ese aspecto.

El comprender de que la gente se interesa principalmente en sí misma antes de cualquier otra persona te proporciona el fundamento para tratar efectivamente con las personas.

También te proporciona poder y destreza para tratar con el prójimo. En los capítulos siguientes verás como muchas técnicas eficaces surgen de este conocimiento.

Es de vital importancia que reconozcas que las personas primordialmente están interesados en sí mismas y no así en ti.

La Habilidad de Hablar con las Personas 2

Cuando hables con alguien, escoge el tema que a él o a ella le va a interesar más.

¿Cuál es el tema más interesante y que a todo el mundo le va a gustar?

¡ELLOS MISMOS!

Cuando tú les hablas de ellos mismos, las personas sienten un interés y una fascinación total. Se formarán un buen concepto de ti, si haces esto.

Cuando hables a las personas de ellos mismos, les estás halagando; estás trabajando con la naturaleza humana. Cuando hables a las personas acerca de ti, no los estás halagando sino mas bien estás trabajando en contra de la naturaleza humana.

Por lo tanto, elimina de tu vocabulario estas CUATRO palabras:

YO, ME, MÍ, MÍO

Reemplázalas por UNA SOLA, la más poderosa que pueden pronunciar los labios humanos:

TÚ

Ej: "Esto es para TI."
"TÚ te beneficiarás si haces esto."
"Esto agradará a TU familia."
"TÚ obtienes las dos ventajas." Etc.

CLAVE IMPORTANTE - si TÚ abandonas la satisfacción que TÚ obtienes al hablar de TI MISMO y la que obtienes del uso de las palabras "YO, ME, MÍ, MÍO", la eficiencia de TU personalidad y TU influencia y poder aumentarán notablemente.

Por supuesto, esto es algo difícil de hacer y sí requiere mucha práctica, pero las recompensas que se obtienen hacen que valga la pena.

Otra forma de utilizar el interés de las personas en sí mismas es hacer que hablen de sí mismas. Descubrirás que la gente prefiere hablar de sí misma antes que de cualquier otro tema.

Si logras hacer que las personas hablen de sí mismas, te van a querer mucho. Esto se puede lograr haciendo preguntas como las siguientes:

¿Cómo está tu familia, Juan?
¿Cómo le va a tu hijo en el ejército?
¿Dónde vive tu hija casada?
¿Cuánto tiempo has trabajado en la compañía?
¿Nació usted aquí, señor ______________?
¿Qué opina usted acerca de ___________, señor __________?
¿Es un retrato de su familia, señor ___________?
¿Disfrutó su viaje, señora ________________?
¿Se fue con su familia, señora ______________?

La mayoría de nosotros no influimos en las vidas de otros, porque vivimos pensando y hablando todo el tiempo de nosotros mismos. Lo que hay que recordar es que no importa cuanto a ti te agrade el tema o tus comentarios, lo que importa es como lo toman tus oyentes.

Así que, cuando hables con otros, habla acerca de ellos y que ellos hablen de sí mismos. ¡Esta es la forma de convertirse en un conversador interesantísimo!

3 La Habilidad de Hacerlos Sentir Importantes

El rasgo más universal del ser humano —un rasgo que tú y yo y todo el mundo tiene, un rasgo tan importante que hace al hombre realizar todas sus acciones, tanto las buenas como las malas— es el deseo de ser importante, de que se nos trate a cada cual con deferencia.

Por lo tanto, para ser diestro en las relaciones humanas, no olvides de hacer que la gente se sienta importante. Recuerda que cuanto más importante hagas sentir a la gente, tanto más te responderá.

Todo el mundo quiere que se le trate como a persona importante: esta es la base de la costumbre oriental de 'quedar bien'. Nadie quiere que se le trate como a un 'don nadie', y cuando se hace caso omiso de la persona o se le habla con condescendencia, este es precisamente el trato que se le está dando.

Recuerda: la otra persona es tan importante para sí misma como tú lo eres para ti. El uso de este rasgo es una de las bases fundamentales del éxito en las relaciones humanas.

He aquí unos cuantos consejos para tratar a la gente con deferencia y hacerla sentirse importante:

1. **Escúchala** (vea el capítulo 5 "La habilidad de escuchar a la gente")

- El negarse a escuchar a una persona es la forma más segura de hacerla sentir que carece de importancia y de clasificarla como un don nadie. El escucharla constituye la mejor manera de hacer que esa persona se sienta importante.

2. Aplaude y elogia

- Cuando la gente lo merezca.

- El reconocimiento y muestra de aprecio son necesidades básicas del ser humano.

3. Usa sus nombres personales tan frecuentemente como sea posible

- Llama a las personas por su nombre y le caerás bien a la gente.

- Es mejor decir, "Buenos días, don Juan," que sólo decir, "Buenos días."

4. Haz una pausa antes de responder

- Esto da la impresión de que has reflexionado sobre lo que se te ha dicho, y que lo dicho era algo digno de reflexión.

5. Usa las palabras: "tú" y "tuyo"

- No uses las palabras "yo, me, mí, mío".

- "Tú" y "tuyo" los hacen sentirse importantes.

6. Muestra que sabes que te está esperando

- Si la gente tiene que esperar, muéstrale que sabes que te está esperando; esto es tratar a la gente con verdadera deferencia.

7. Si estás en grupo, presta atención a todos

- Un grupo es más de uno; no consta de sólo un líder o portavoz.

La Habilidad de Mostrarse Agradable con la Gente

4

Quizá el paso más importante que puedes tomar para llegar a ser habiloso en cuanto a relaciones humanas, es poder dominar el arte de mostrarte agradable con la gente.

Ciertamente, es una de las joyas de sabiduría de nuestro siglo. Probablemente nada te ayudará más durante toda tu vida que esta técnica fácil de mostrarse agradable.

Mientras vivas, jamás te olvides de que cualquier tonto puede estar en desacuerdo con la gente, pero requiere un hombre sabio, un hombre astuto, un hombre de carácter noble para estar de acuerdo (¡especialmente cuando la otra persona está equivocada!)

El Arte de Mostrarse Agradable consta de SEIS partes:

1. Aprende a asentir, a estar de acuerdo con la gente

- Ponte en un estado de ánimo, en una actitud de estar de acuerdo.

- Desarrolla una índole propia para asentir. Sé una persona con una naturaleza genuina de mostrarte de acuerdo.

2. Cuando estés de acuerdo, dilo

- No basta estar de acuerdo con la gente.

- Dile a la gente que estás de acuerdo con ella.

- Asienta con la cabeza mientras miras a tu interlocutor y le dices, "Estoy de acuerdo contigo", o "Tienes toda la razón."

3. No expreses tu desacuerdo, si no es absolutamente necesario

- Si no puedes estar de acuerdo, y muchas veces es imposible estarlo, limítate a no expresar tu desacuerdo si esto no es absolutamente necesario.

- Te sorprenderás al ver cuan pocas veces es necesario mostrarte en desacuerdo.

4. Admite tus errores

- Siempre que te equivoques, admítelo en voz alta. "Cometí un error", "Me equivoqué", etc.

- Para hacer esto se necesita ser realmente noble, y la gente admira a cualquiera que sea capaz de hacerlo. La persona corriente miente, negará su error, se justificará, o buscará una coartada.

5. Evita las discusiones

- La peor técnica de las relaciones humanas es la discusión. Aun si tienes la razón, no discutas.

- Nadie gana las discusiones ni consigue amigos discutiendo.

6. Maneja con destreza a las personas peleadoras

- Las personas peleadoras buscan una sola cosa: una pelea.

- La mejor técnica de manejarlas, es negarte a pelear con ellas. Farfullarán, se enojarán y parecerán absurdas.

- Fundamentos del arte de mostrarse agradable
  a. A la gente le agrada quienes se muestran de acuerdo con ella.
  b. A la gente le desagrada quienes disienten de ella.
  c. A la gente no le agrada que disientan de ella.

5 La Habilidad de Escuchar a la Gente

Cuanto más escuches, más sabrás, más se te apreciará y mejor conversador serás.

Quien sabe escuchar es mucho más querido que quien sabe hablar. Esto se debe a que, quien sabe escuchar, siempre permite a la gente oír su orador preferido: ella misma. Pocas cosas en la vida te ayudarán más que saber escuchar.

No obstante, el saber escuchar no ocurre por casualidad. Las siguientes son las cinco reglas que enseñan a escuchar:

1. Mira a quien estés hablando
- Vale la pena mirar a quien valga la pena escuchar.

2. Inclínete hacia quien habla y escucha atentamente
- Adopta la actitud de quien no quiere perder ni una sola palabra.

3. Haz preguntas
- Esto muestra a tu interlocutor que le estás escuchando.
- Las preguntas son una forma de halago.

4. Atente al tema de tu interlocutor y no interrumpas
- No cambies de tema mientras la otra persona no haya concluido, por muy ansioso que estés de iniciar otro.

5. Usa las palabras de tu interlocutor: "tú" y "tuyo".
- Si utilizas las palabras "yo", "me", "mí", o "mío", estarás desviando la atención del interlocutor hacia ti. Esto es hablar, no escuchar.

Como puedes observar, estas cinco reglas no son otra cosa que reglas de cortesía. Nunca te beneficiará la cortesía tanto como cuando escuches.

La Habilidad de Influenciar a la Gente

6

El primer paso importante que debe darse para inducir a la gente a hacer lo que se desea, es averiguar qué la impulsará a hacerlo (qué desea).

Cuando conozcas las motivaciones de la gente, sabrás cómo motivarla.

Todos somos distintos: nos agradan cosas distintas y atribuimos valores distintos a distintas cosas. No cometas el error de presumir que a los demás les agrada lo que a ti te agrada o que buscan lo que tú buscas.

Descubre qué buscan y qué les agrada.

Luego podrás motivarlos, diciéndoles lo que desean escuchar. Te limitas a mostrarles cómo pueden obtener lo que desean, haciendo lo que tú deseas que hagan.

Este es el gran secreto para influir sobre la gente. Significa dar en el blanco con lo que se dice; naturalmente, hay que conocer el blanco.

Como ejemplo de la práctica de este principio, supongamos que eres el patrón y estás tratando de lograr que un ingeniero trabaje para ti. Sabes que varias compañías distintas le han ofrecido empleo.

Al aplicar el principio de "averiguar lo que la gente desea", deberás determinar en primer lugar qué busca el ingeniero y qué le atrae más del cargo y en la compañía. Si descubres que es la oportunidad de progresar, deberás mostrarle las oportunidades de progreso que puede ofrecerle.

Si lo que busca es seguridad, debes hablarle de seguridad. Si busca educación y experiencia adicional, háblale de ellas. Lo importante aquí es averiguar lo que él quiere y luego mostrarle cómo puede obtenerlo, haciendo lo que tú deseas (Ej. trabajar contigo).

Aplicando este principio al caso contrario, partamos de la base de que tú estás solicitando un empleo que deseas mucho. Primero, averigua los conocimientos que requiere y las obligaciones del cargo, para que puedas mostrar como puedes satisfacer las necesidades del patrón. Si se necesita una persona que deba atender a los clientes por teléfono, deberás mencionar que puedes atender a la clientela por teléfono (o que ya lo has hecho). Tras averiguar qué busca la gente, podrás decirle lo que desea oír.

El método de averiguar qué desea la gente, consiste en hacerle preguntas, observarla y escucharla, además del trabajo de averiguar.

La Habilidad de Convencer a la Gente 7

Es propio de la naturaleza humana que la gente se muestre escéptica respecto a ti y a lo que tú dices, cuando dices cosas que te benefician a ti.

Tú puedes vencer una gran parte de este escepticismo cuando haces afirmaciones en provecho propio, expresando de otra manera lo que te beneficia a ti.

La mejor manera es no expresarlo directamente, sino citando a otra persona. Deja que la otra persona lo exprese por ti, aun si no se encuentra presente.

Ejemplo: si se te pregunta si el producto que vendes es durable, puedes contestar, "Mi vecino lo ha usado cuatro años y está muy contento con el producto."

En realidad, tu vecino está contestando por ti, aunque no se encuentre allí.

Ejemplo: si estás pidiendo un empleo y el patrón potencial te pregunta si puedes desempeñar el cargo, tú hablarás de lo satisfechos que quedaron tus patrones anteriores.

Ejemplo: si estás tratando de alquilar tu apartamento y la persona a quien se lo estás ofreciendo pregunta si es un lugar tranquilo, a lo cual tú contestas que los inquilinos anteriores mencionaban con frecuencia la tranquilidad del apartamento.

Fíjate que en ninguno de los ejemplos anteriores tú has contestado la pregunta - tu vecino, tus antiguos patrones y tus antiguos inquilinos la han contestado por ti.

Esto causará en tus interlocutores una impresión más fuerte que si tú la respondieras.

Es un fenómeno curioso, pero la gente no tendrá la menor duda de que lo que se le dice indirectamente es cierto, aunque se mostrará muy escéptica si eres tú quien lo dice.

Así que, ¡Habla por medio de terceros!

Cita a la gente - cuenta éxitos - cita hechos y estadísticas.

La Habilidad de Hacer que Tomen Decisiones 8

El inducir a la gente a decir "sí", implica algo más que suerte, conjetura o capricho.

Los expertos en relaciones humanas tienen diversos métodos y técnicas que incrementan grandemente las probabilidades de que la gente les diga "sí" (el obtener respuestas afirmativas significa sencillamente inducirla a hacer lo que tú deseas.)

He aquí cuatro métodos adecuados -

1. Ofrece a la gente MOTIVOS para darte respuestas afirmativas

- Todo se hace por un motivo en este mundo. Por lo tanto, cuando quieras que alguien haga algo, ofrécele un motivo para hacerlo.

- No obstante, cerciórate de que los motivos dados sean los de la otra persona, o sea razones que le convienen a ella.

- Sería equivocado darle razones que te convienen a ti.

- Resumiendo:
  Di a la gente cómo se beneficiará al hacer lo que tú deseas que haga, no cómo te beneficiarás tú.

2. Haz preguntas que requieran respuestas afirmativas

- Cuando estés tratando de obtener respuestas afirmativas, comienza por colocar a la gente en un estado de ánimo propio para hacerlo. Esto se logra haciendo dos o tres preguntas que requieren una respuesta afirmativa.

Ejemplos:

"Usted desea complacer a su familia, ¿no es verdad? (Desde luego que sí, lo desea.)

"Usted desea obtener lo máximo por su dinero, ¿no es cierto? (Desde luego que eso sí, lo desea.)

- La pregunta de respuesta afirmativa, es aquella que sólo puede responderse con la palabra "sí".

- La razón para hacer preguntas de respuesta afirmativa, es que si tú llevas a la gente a un estado de ánimo que la induzca a asentir, es más probable que te diga "sí" al final.

- No obstante, no olvides hacer las preguntas de respuesta afirmativa de una forma correcta, o sea ASINTIENDO CON TU CABEZA, MIENTRAS HACES LA PREGUNTA, E INICIAS LA PREGUNTA CON LA PALABRA "USTED".

"Usted desea una buena tostadora, ¿no es cierto? (asintiendo con tu cabeza)

"Usted desea un traje bonito, ¿no es cierto? (asintiendo con tu cabeza)

3. Permite a la gente escoger entre dos respuestas afirmativas

- Esto no es otra cosa que hacer que la gente escoja entre asentir de una manera o asentir de otra. Sea cual fuere la forma que prefiera, le estás dando una respuesta afirmativa.

- Esto es mucho mejor que permitirle escoger entre una respuesta afirmativa y una negativa, lo cual ocurre cuando le pides que haga algo.

- "Sí", significa que lo hará. "No", significa que no lo hará.

- La habilidad consiste en hacer que de una u otra forma, la gente prefiera hacer lo que tú deseas. Por ejemplo, si deseas obtener una cita con el señor Smith:

- "¿Le parecería bien esta tarde, señor Smith, o preferiría que fuera mañana por la mañana o tarde? (Le estás dando al señor Smith la alternativa de horarios para darte la cita, la posibilidad de escoger entre varias respuestas afirmativas.)

- Lo peor sería pedir una cita. Si lo haces, le estarás dando la posibilidad de contestar "sí" (te daré la cita) o "no" (no te daré la cita.)

Ejemplos:
"¿Desea el negro o el blanco? (en vez de, "¿Desea uno de estos?")

"¿Desea comenzar a trabajar mañana o el martes?" (en vez de "¿Desea comenzar a trabajar?")

"¿Desea cargar esto a su cuenta o desea pagarlo en efectivo?" (en vez de "¿Desea comprar esto?")

- Este método no siempre servirá, pero sí servirá muchas veces. Y servirá más que el de dar a la gente la alternativa de responder sí o no.

4. Espera respuestas afirmativas de la gente y hazle saber que las esperas

- El esperar respuestas afirmativas, es tener confianza. No obstante, esto va más allá de la confianza, un paso más allá - tú haces saber a la gente, le das la impresión inequívoca de que se espera de ella una respuesta afirmativa.

- Casi todo el mundo comienza por ser "neutral" y se le puede inducir. Muchas personas nunca dudan o vacilan en hacer lo que tú deseas, una vez que les has hecho saber qué es lo que se espera de ellos.

- Esto constituye una psicología excelente, y te será fácil practicarla después de unos cuantos éxitos.

La Habilidad de Afectar el Estado de Ánimo 9

¡Tú puedes agradar de inmediato a 9 de cada 10 personas!

¡Tú puedes convertir a 9 de cada 10 personas en gente cortés, cooperadora y amistosa en un segundo! (Con el mismo hechizo.)

He aquí la forma de hacerlo:

1. Recordando que los primeros segundos de cualquier relación, por lo general determinan su carácter y su espíritu.

2. Y, mediante la aplicación de la ley básica del comportamiento humano: LA GENTE TIENDE FUERTEMENTE A RESPONDER AL COMPORTAMIENTO DE LOS DEMÁS con un comportamiento similar.

(Abreviemos esto a: LA GENTE RESPONDE DE IGUAL MANERA)

Por lo tanto -el primer segundo- el instante en que sus ojos se cruzan, antes de haber dicho una sola palabra, antes de romper el silencio, SONRÍE A LA GENTE CON SINCERIDAD.

¿Qué ocurrirá? La gente responderá DE LA MISMA FORMA: TE DEVOLVERÁ TU SONRISA Y SERÁ AGRADABLE.

En todo acto de relaciones humanas, en cualquier trato entre dos personas, se establece un ambiente, un humor, un escenario.

Tu habilidad consiste en crear el ambiente, el humor, el escenario. Si no lo creas tú, lo creará tu interlocutor. Si eres inteligente, lo crearás tú, para tu propio provecho.

Uno de los hechos trágicos de las relaciones humanas es que la gente no se da cuenta de que recibirá de los demás exactamente lo que les dé.

Si muestras a la gente luz, la gente te responderá con luz; si le das un chubasco, recibirás un chubasco.

La oportunidad es la clave. Debes sonreír antes de romper el silencio. Esto crea el escenario de un humor cálido y amistoso.

Tu tono de voz y la expresión de tu rostro también son importantes, porque revelan tus pensamientos más íntimos.

No olvides iniciar tu sonrisa como lo hacen los actores y modelos profesionales: diciéndote a ti mismo esta palabra:

"CHEESE"

¡Da resultados!

La Habilidad de Elogiar a la Gente 10

¡No sólo de pan vivirá el hombre!

El hombre necesita alimento para el espíritu, así como para el cuerpo. ¿Recuerdas lo que sientes cuando te dicen algo amable o te elogian? ¿Recuerdas cómo se ilumina tu día entero o tu noche con esa palabra amable o ese elogio? ¿Recuerdas cuánto dura el sentimiento de satisfacción?

Bueno, los demás reaccionan exactamente como tú. Por lo tanto, di cosas que la gente quiera oír, se te querrá por decir cosas amables y te sentirás satisfecho de haberlas dicho.

SÉ GENEROSO CON TUS ELOGIOS - Busca a alguien y a algo para elogiarlo y elógialo. Pero toma en cuenta que:

1. El elogio debe ser sincero
   - Si no lo es, no elogies.

2. Elogia el acto, no a la persona.
   - El elogio del acto evita el bochorno y la confusión, tiene un carácter mucho más sincero, evita las acusaciones de favoritismo y crea un incentivo para su repetición.

Por ejemplo:
"Juan, tu trabajo fue realmente excelente el año pasado." (en vez de: "Juan, tú eres una persona excelente.")
"María hizo un trabajo estupendo con los informes de fin de año." (en vez de: "María es una buena trabajadora.")
"Señor Smith, su césped y su jardín son preciosos." (en vez de: "Señor Smith, usted trabaja mucho.")

- El elogio debe ser específico, dirigido a algo determinado.

LA FÓRMULA DE LA SATISFACCIÓN - Adquiere la costumbre de decir diariamente una cosa amable a tres personas distintas, por lo menos. ¡Luego verás cómo te sientes por haberlo hecho!

¡Esta es una fórmula de la satisfacción para TI!

Cuando veas la satisfacción, la gratitud y el placer que da a los demás el hacer esto, TÚ te sentirás satisfecho. Hay más alegría en dar que recibir.

Haz la prueba.

La Habilidad de Criticar a la Gente

11

La clave del éxito en la crítica es tu espíritu.

Si criticas principalmente para "cantarle las cuarenta" a la otra persona o para "decirle verdades" o para "echarle una reprimenda", no recibirás de la crítica nada distinto de la satisfacción de expresar tu irritación y el rencor de la otra persona, pues a nadie le agrada que le critiquen.

No obstante, si te interesa adoptar medidas correctivas, si te interesa obtener resultados, puedes lograr mucho con la crítica, si la haces de la manera adecuada. Las siguientes son unas reglas que te ayudarán a hacer esto.

Los 7 requisitos indispensables del éxito en la crítica:

1. La crítica debe hacerse dentro de una reserva absoluta

- Sin puertas abiertas, sin levantar la voz y sin que nadie la oiga.

2. Di una palabra amable o haz un elogio, como preparación de la crítica

- Crea un ambiente amistoso - suaviza el golpe (bésalos antes de patearlos).

3. Haz que la crítica sea impersonal -critica el acto, no la persona

- Se debe criticar el acto y no a la persona.

4. Ofrece una solución

- La solución significa la forma correcta. Cuando tú le

dices a alguien que está haciendo algo mal, también debes indicarle la forma de hacerlo correctamente.

5. Pide cooperación - no la exijas

- Es un hecho que obtendrás una mayor cooperación de la gente, si la pides que si la exiges.

- La exigencia es el último recurso.

6. Una crítica por error

- La crítica más justificada, sólo se justifica UNA VEZ.

7. Concluye la crítica en un tono amistoso

- Concluye en un tono de "somos amigos, hemos resuelto nuestro problema, trabajemos juntos y ayudémonos mutuamente."

- No la concluyas en un todo de "queda advertido. Proceda en consecuencia."

- Esta es la más importante de las siete normas.

La Habilidad de Agradecer a la Gente 12

No basta que sientas gratitud y estima hacia la gente. Debes mostrar esa gratitud y esa estima a quienes la merezcan.

Esto se debe a que es parte de la naturaleza humana que a la gente le agrade quienes le demuestran gratitud y estima y les responda dando aún más.

Si sientes gratitud hacia la gente y se lo dices, casi siempre te darán más la próxima vez. Si no muestras tu agradecimiento (aun si lo sientes) es posible que no haya una próxima vez o que termines por recibir menos.

No obstante, el decir "Gracias" es todo un arte.

1. Cuando des las gracias, hazlo DE CORAZÓN

- Sé sincero al dar las gracias a la gente.

- La gente sabrá si sientes verdadera gratitud.

- También sabrá si no eres sincero.

2. Dilo clara y distintamente

- Al dar las gracias a la gente, no farfullas, susurres ni te comas las palabras.

- Da las gracias como si te alegraras de hacerlo.

3. Mira a la persona a quien das las gracias

- Cuando miras a la persona a quien das gracias, expresas mucho más.

- Cualquier persona que merezca que le den las gracias, merece que se la mire.

4. **Da las gracias a la gente con nombre propio**
    - Individualiza tu agradecimiento, usando los nombres propios.

    - Decir, “Gracias, señorita Jones,” es algo muy distinto que, “Gracias.”

5. **Practica el dar las gracias a la gente**
    - Esto significa buscar oportunidades para mostrar tu agradecimiento.

    - La persona corriente agradecerá lo que es obvio. La persona de un nivel superior al corriente, agradecerá lo que no es tan obvio.

    - Las normas anteriores son sencillas; no obstante, muy pocas técnicas de relaciones humanas son tan importantes como la habilidad de dar las gracias a la gente de la manera apropiada.

    - Esto será algo muy valioso durante toda tu vida.

La Habilidad de Causar Una Buena Impresión 13

Poseemos un alto grado de control sobre lo que los demás opinan de nosotros. Comenzamos por ser extraños para todos y la opinión que se forman de nosotros se ve grandemente determinada por la forma como nos comportamos. Sabiendo esto, nos conviene comportarnos de tal manera que el efecto sobre los demás sea bueno.

Somos nuestras acciones.

Si deseas que la gente piense bien de ti, te tome por modelo y te considere con admiración y respeto, debes darle la impresión de que lo mereces. Esto se logra principalmente por medio del valor que uno atribuya a sí mismo.

Siéntete orgulloso de ti mismo (pero no seas engreído), de lo que eres, de lo que haces, del lugar donde trabajas. No te disculpes por tu oficio ni por ti mismo: tu vida es tu vida, así que compórtate con orgullo y respeto.

Por ejemplo, cuando te pregunten en qué trabajas, es muy importante cómo respondes. Supongamos que vendes seguros, en cuyo caso podrías contestar:
"No soy mas que otro vendedor ambulante de seguros."

Es imposible que les impresiones, porque les has dicho que no vale la pena que se sientan impresionados por ti.

Aplicando esta regla, compórtate con orgullo y respeto:
"Tengo la suerte de trabajar con una de las mejores compañías del país: la compañía Tal y Cual de Seguros."

No es difícil imaginar la diferencia de valor que en la mente de la otra persona produce la segunda respuesta, comparada con la primera.

También hay que cuidar de lo siguiente:

1. Sé sincero

- Aléjate de la adulación, las promesas vanas y las palabras sin sentido.
- Di solamente lo que sientes.
- Cree lo que dices.

2. Muestra entusiasmo

- Este es un tesoro inapreciable, que puedes adquirir haciendo que se aprecie tu trabajo.
- El entusiasmo es contagioso. Sólo después de hacerte apreciar puedes tú apreciar a los demás, no antes.

3. No te muestres excesivamente ansioso

- Al tratar con la gente, evita mostrar una ansiedad excesiva.
- La ansiedad excesiva suscita preguntas y dudas en la gente.
- La gente tiende mucho a resistirse a cualquier acción que tú "mueras" por ver realizada. Tu instinto la impulsará a sospechar o a hacer el trato más difícil para ti.
- Oculta tu ansiedad. Sé un actor.

4. No trates de destacarte rebajando a los demás

- Apóyate siempre en tu propio mérito. No trates de enaltecerte rebajando a los demás.

- El verdadero progreso en la vida se deberá a tu propio esfuerzo y mérito. No llegarás lejos "pisoteando" a los demás.

- Al apoyarte en tus propios méritos, enfatizas tus acciones. Cuando rebajas a los demás para parecer mejor, los haces destacar a ellos, no a ti.

5. No ataques a nadie ni a nada

- Si no puedes decir algo bueno, no digas nada.

- Atacar es un error, pero esta no es la razón principal para evitarlo: la razón principal es que los ataques siguen la ley del bumerán y acaban por golpear al atacante.

- El ataque sólo sirve para revelar lo más íntimo de tu personalidad.

- Sé astuto, sé cortés, no golpees.

La Habilidad de Exponer 14

Si observas las cinco reglas siguientes, te convertirás en un expositor interesante. Ellas constituyen la diferencia entre los expositores interesantes y los que no lo son.

1. Sabe qué quieres decir

- Si no sabes exactamente lo que quieres decir, no te levantes ni abras la boca.
- Habla con autoridad y por experiencia; habla con confianza. Esto sólo puede lograrse si se sabe lo qué se quiere decir.

2. Dilo y siéntate

- Sé breve, acertado y siéntate.
- Recuerda que nunca se ha criticado a nadie por decir demasiado poco, y que si desean que digas algo más, te lo pedirán.
- Sal vencedor.

3. Mira a tu público mientras hablas

- Es difícil exagerar la importancia de esta regla. Vale la pena mirar a cualquier persona a quien valga la pena dirigirse.
- Es por eso que los expositores que leen sus exposiciones rara vez cautivan al público.

4. Habla de cosas que interesan al público

- Lo que importa no es lo que tú quieras decir. Lo que importa es lo que el público quiera oír.

- El interés del público es lo más importante, no el tuyo.

- Un método seguro de triunfar al exponer y de agradar, es decir a la gente lo que esta quiere escuchar.

5. No intentes pronunciar discursos

- No trates de ser un orador; pocos lo son. En vez de ello, limítate a hacer una exposición.

- Sé natural, sé tú mismo. Por eso estás haciendo la exposición.

- Limítate a decir lo que tengas que decir, de una manera natural.

Observaciones Finales

Francamente, los conocimientos de este Seminario de Relaciones Humanas de Les Giblin y este folleto sobre "La Habilidad en el Trato Personal" no te servirán de nada a menos que los uses.

El conocimiento en sí mismo, carece de valor. EL USO DEL CONOCIMIENTO *es lo que lo convierte en valioso. Para decirlo de otro modo: la vida no recompensa lo que tú puedes hacer, sino lo que haces.*

Este conocimiento es la clave de una vida mejor: más amigos, mayor éxito, más felicidad. Pon a trabajar DE INMEDIATO *estos conocimientos en provecho tuyo y de tu familia.*

Espero que lo hagas.

¡Buena suerte!

Les Giblin

Made in the USA
Lexington, KY
19 March 2015